PETIT GUIDE PRATIQUE DE L'ÉVEIL

Tita

Petit guide
pratique de l'éveil

2025

Relecture : Tita Vieille Girardet
Correction : Tita Vieille Girardet
Mise en page : Léo Vieille Girardet

Édition : BoD · Books on Demand, 31 avenue Saint-Rémy, 57600 Forbach, bod@bod.fr
Impression : Libri Plureos GmbH, Friedensallee 273, 22763 Hamburg (Allemagne)

ISBN : 978-2-3225-7167-3
Dépôt légal : Avril 2025

Table des matières

Introduction :

L'éveil : nous en avons tous entendu parler au moins une fois dans notre vie. Un mot puissant, attirant, intriguant, qui éveille la curiosité, tout en générant une appréhension, parfois même, la crainte de se faire arnaquer via une proposition d'élévation que l'on suspecte douteuse.

L'éveil, significations :

C'est un concept qui peut prendre plusieurs significations selon le contexte. Néanmoins, généralement, il désigne une forme de prise de conscience profonde, une ouverture à une réalité plus vaste, ou une meilleure compréhension de soi-même et du monde. Cela peut se manifester de différentes manières selon les croyances philosophiques, spirituelles, ou même psychologiques.

Dans un cadre spirituel, par exemple comme dans le bouddhisme, l'éveil (ou «nirvana») représente l'atteinte d'une compréhension complète de la nature de la vie et de la fin de la souffrance. C'est un état où l'on est pleinement conscient de soi, du monde et des interconnexions de tout ce qui existe, en dépassant les illusions et les désirs qui génèrent la souffrance.

Dans un cadre plus laïque, l'éveil peut aussi être vu comme une prise de conscience de ses pensées, de ses émotions et de ses actions. Cela peut mener à une forme de transformation intérieure, où l'on devient plus présent, plus aligné avec ses valeurs, et plus en paix avec soi-même.

Atteindre l'éveil est un cheminement très personnel. Il n'existe donc pas de méthode universelle qui fonctionnerait pour tout le monde. Cependant, plusieurs pratiques et concepts peuvent t'aider à avancer sur ce chemin, selon la tradition spirituelle ou la philosophie qui résonne le plus avec toi. Voici quelques pistes (non exhaustives) qui sont souvent explorées pour atteindre l'éveil :

1. Méditation et pleine conscience : C'est l'une des pratiques les plus courantes pour éveiller la conscience. La méditation permet de calmer l'esprit, d'observer ses pensées sans s'y attacher et de développer une attention profonde au moment présent. Cela aide à mieux comprendre la nature de l'esprit, à se détacher des pensées négatives et à cultiver un état de paix intérieure.

2. Contemplation et auto-réflexion : L'éveil passe aussi par un travail de réflexion personnelle. Comprendre ses propres croyances, ses émotions et ses motivations peut mener à une meilleure conscience de soi. Cela inclut souvent des moments de silence, de solitude, ou même de journalisation pour creuser plus profondément dans ses pensées.

3. La pratique de la compassion : Certaines traditions, comme le bouddhisme, enseignent que l'éveil ne se limite pas à une prise de conscience intellectuelle, car il inclut également un éveil du cœur. Être plus empathique, bienveillant et altruiste avec soi-même et avec les autres fait partie intégrante du chemin vers l'éveil. Cela aide à transcender l'ego et à se connecter à une réalité plus vaste.

4. Se détacher de l'ego et du désir : L'éveil implique souvent de se détacher des désirs matériels et des attachements. Cela ne signifie pas vivre sans rien. C'est plutôt comprendre que le bonheur et la paix intérieure ne viennent pas des possessions extérieures, mais de la connexion à l'intérieur de soi.

5. Explorer la nature de la réalité : Certaines personnes cherchent à comprendre la nature de la réalité elle-même à travers des études philosophiques ou spirituelles. Cela peut inclure des lectures de textes sacrés, des discussions avec des enseignants spirituels ou des expériences mystiques, dans lesquelles on explore des états de conscience modifiés.

6. Vivre dans l'instant présent : Beaucoup de philosophies soulignent l'importance d'être pleinement présent dans l'ici et maintenant, au lieu d'être constamment préoccupé par le passé ou le futur. Cela peut se cultiver par des activités simples comme marcher, écouter de la musique, ou même simplement respirer profondément.

Comme tu peux déjà le constater, l'éveil, c'est avant tout un cheminement. Parfois, il se manifeste par des prises de conscience progressives, parfois par des moments de clarté plus intenses. Il n'y a pas de «destination finale». C'est plus une manière de vivre et d'interagir avec le monde, un style de vie, une philosophie de vie, un véritable état d'être.

Chaque être vivant peut-il atteindre l'éveil ?
Une question que nous sommes nombreux à nous poser tout au long de notre cheminement, lorsqu'on laisse le doute s'immiscer dans notre quotidien. D'après de nombreuses traditions spirituelles et philosophiques, l'éveil est un potentiel universel, accessible à chacun. Toutefois, l'idée que tout le monde puisse atteindre l'éveil dépend aussi de la définition que l'on en donne et des conditions personnelles de chaque individu.
Dans le bouddhisme, par exemple, l'éveil est vu comme un état de conscience où une personne transcende la souffrance, les illusions et l'ego. Tout le monde, théoriquement, a la capacité d'atteindre cet éveil, bien que le chemin puisse être difficile et que la vitesse à laquelle cela se réalise varie d'une personne à l'autre.

Quelques points à considérer *(non exhaustifs)* :

1. L'intention et l'engagement : Atteindre l'éveil nécessite souvent une volonté sincère de se transformer, d'explorer ses propres conditionnements mentaux et de faire face à ses défis internes. L'engagement envers des pratiques comme la méditation, la réflexion personnelle, l'introspection, ou la compassion peut faire toute la différence.

2. Les obstacles personnels : Certaines personnes peuvent se heurter à des obstacles plus importants, qu'ils soient liés à des circonstances extérieures (comme des difficultés sociales ou économiques) ou à des luttes intérieures (comme des traumatismes non résolus ou des blocages mentaux). Ces obstacles ne rendent pas l'éveil impossible, cependant, ils peuvent compliquer ou allonger le processus. Cela dit, de nombreuses traditions soulignent que même ceux qui semblent être dans les situations les plus difficiles ont toujours un potentiel intérieur qui peut les mener à l'éveil.

3. Le temps et la patience : L'éveil est souvent décrit comme un chemin long, parfois graduel. Il peut prendre des années, voire toute une vie. Certaines personnes peuvent atteindre des états d'éveil partiels ou progressifs tout au long de leur vie, tandis que d'autres peuvent avoir des moments d'illumination ou de réalisation soudains.

4. L'unicité de chaque chemin : L'éveil ne suit pas un chemin unique, néanmoins, chaque chemin est unique. Chacun peut arriver à l'éveil de manière différente, en fonction de ses expériences, de ses pratiques et de sa vision du monde. Ce qui fonctionne pour une personne ne sera peut-être pas adapté à une autre. Pour autant, cela n'empêche pas cette dernière d'atteindre également l'éveil, même si son parcours est différent.

En résumé, tout le monde peut théoriquement atteindre l'éveil, mais cela dépend de nombreux facteurs internes et externes. L'éveil n'est pas une question de perfection, mais plutôt de prise de conscience progressive, d'ouverture à soi-même et au monde, et de transformation intérieure.

Chapitre 1 : Comprendre l'éveil

Qu'est-ce que l'éveil ?

Nous avons déjà abordé cette question dans l'introduction. Néanmoins, pour aller plus loin, l'éveil, dans de nombreuses traditions spirituelles, représente un état où l'on perçoit la réalité telle qu'elle est, sans les filtres de l'ego, des illusions et des conditionnements mentaux. C'est une prise de conscience profonde qui va au-delà des pensées superficielles et des émotions passagères. C'est voir les choses non pas comme nous croyons qu'elles sont, mais comme elles sont véritablement.

Dans le bouddhisme, l'éveil (ou nirvana) signifie l'extinction du désir et de l'attachement, la fin de la souffrance, et la réalisation de la nature impermanente de toutes choses. L'éveil, ici, est souvent perçu comme la sortie du cycle de la réincarnation (samsara) et la fin de l'ignorance spirituelle. Dans d'autres traditions comme l'hindouisme ou le christianisme mystique, l'éveil est souvent vu comme la communion avec une réalité divine ou universelle. Il s'agit de réaliser l'unité avec le tout, de comprendre qu'il n'y a pas de séparation entre l'âme individuelle et l'âme cosmique.

Dans un sens plus laïque, l'éveil peut être perçu comme un état de pleine conscience et de sérénité. C'est un moment où l'on prend conscience de l'impact de ses pensées, je dirais même, de ses ressentis, où l'on se libère des jugements constants, et où l'on trouve une paix profonde en soi. L'éveil n'est pas seulement un événement spirituel, c'est un changement dans la manière de vivre et d'interagir avec le monde.

Les différentes étapes de l'éveil :

L'éveil ne se produit pas en un instant pour la majorité des gens. Il s'agit souvent d'un cheminement graduel qui peut commencer par une prise de conscience soudaine, suivie d'une série d'enseignements et d'expériences qui nous transforment profondément.

Voici quelques étapes des plus communes *(non exhaustives)* :
1. L'éveil initial : C'est le moment où l'on commence à voir les choses différemment, souvent après un choc émotionnel ou une crise de la vie. Cela peut aussi être un moment de clarté où l'on se rend compte que la souffrance provient souvent de nos propres perceptions et attachements.

2. L'auto-observation : Une fois que l'on a ouvert les yeux, la pratique de l'auto-observation devient cruciale. On commence à observer nos pensées, nos émotions et nos actions sans jugement. C'est une phase où l'on prend conscience de nos habitudes mentales et de nos conditionnements.

3. La dissolution de l'ego : Au fur et à mesure que l'on avance, on commence à se libérer des fausses identités construites autour de l'ego : nos croyances, nos désirs, et nos peurs. Cela peut être un processus douloureux, car l'ego s'accroche à sa «survie».

4. L'expérience de l'unité : À un certain point, l'éveil se manifeste par un sentiment d'unité avec le monde, les autres et soi-même. Les frontières entre soi et l'autre commencent à s'estomper, et une profonde sensation de paix et de compréhension émerge.

5. L'éveil complet ou l'illumination : Cet état final, bien que rare et difficile à maintenir dans la vie quotidienne, est décrit comme un état de pure présence, de paix intérieure et de connaissance profonde. C'est l'extinction des illusions, la fin de la souffrance et la réalisation complète de la vérité.

Chapitre 2 : les obstacles à l'éveil

Les illusions de l'ego :

L'ego est la part de nous qui s'identifie à notre nom, notre histoire, nos possessions, nos relations et notre statut. C'est le «moi» qui pense, «Je suis ceci, je suis cela». Or, l'éveil passe par la réalisation que cet ego est une construction mentale, une illusion. Nous croyons que nous sommes séparés du monde, alors qu'en réalité, nous sommes interconnectés à tout ce qui existe. L'ego cherche constamment à se protéger, à s'affirmer et à chercher la reconnaissance. Il nourrit nos peurs et nos désirs.

L'éveil commence donc lorsque nous commençons à voir à travers cette illusion d'ego, en réalisant qu'il ne représente pas notre essence véritable. Ce n'est pas un «moi» fixe et immuable, c'est plutôt un ensemble de pensées et d'émotions passagères.

Les conditionnements sociaux et culturels :

Nous vivons dans un monde où les normes sociales, culturelles et économiques façonnent nos croyances et nos attentes. Depuis notre enfance, nous sommes conditionnés par notre famille, notre culture, les médias et l'éducation. Nous apprenons ce qui est «bien» ou «mal», ce qui est «acceptable» ou « inacceptable », le fameux « politiquement correcte ».
Ces conditionnements nous limitent et nous maintiennent dans une vision du monde étroite.
L'éveil est donc aussi un processus de déconditionnement. Cela implique de déconstruire les croyances héritées, et de redécouvrir une vision plus authentique du monde.

La souffrance, l'attachement, et le désir :

Dans le bouddhisme, l'idée de dukkha (souffrance) est essentielle : nous souffrons parce que nous nous attachons aux choses, aux relations, aux situations et même à notre propre identité. Le désir et l'attachement sont les racines de cette souffrance. Tant que nous cherchons à satisfaire nos désirs, à éviter la souffrance ou à maintenir ce qui est agréable, nous restons enfermés dans le cycle de la souffrance.

L'éveil consiste à se détacher de ce cycle. Cela ne signifie pas renoncer à tout. C'est comprendre que le bonheur ne vient pas de l'extérieur. Il vient de l'intérieur, de la libération des désirs incessants et des attentes irréalistes.

Les peurs et les résistances intérieures :
Il y a aussi des peurs profondément enracinées qui bloquent l'accès à l'éveil. La peur de l'inconnu, la peur de perdre ce que nous avons, la peur de la souffrance... nous pourrions synthétiser toutes ces peurs sous «la peur du changement». Toutes ces résistances intérieures peuvent rendre le chemin difficile. L'éveil nécessite une confrontation avec ces peurs et une acceptation profonde de l'incertitude.

Chapitre 3 : Le chemin vers l'éveil

Méditer en pleine conscience :
Comme nous l'avons aborder précédemment, méditer est sans doute la pratique la plus puissante pour cultiver l'éveil. Elle nous permet de calmer le flot constant de pensées et de revenir à l'instant présent. Elle crée l'espace pour que la sagesse émerge. En méditant en pleine conscience, nous devenons conscients de chaque geste, de chaque respiration, de chaque pensée et émotion. C'est dans ce silence intérieur que nous commençons à entendre notre véritable nature.

L'importance de la compassion et de la bienveillance :
L'éveil ne concerne pas seulement la réalisation personnelle, mais aussi l'ouverture du cœur. La compassion et la bienveillance envers soi-même et les autres sont des aspects essentiels du chemin. Cultiver l'amour et l'empathie permet de se libérer des jugements et de se connecter à l'humanité commune. C'est à travers l'autre que l'on trouve aussi une voie vers soi-même.

Chapitre 4 : Les révélations de l'éveil

Une vision plus large de la réalité :
Lorsque l'on commence à s'éveiller, on découvre peu à peu que notre perception de la réalité est limitée. Nous voyons les choses à travers un prisme déformé par nos croyances, nos peurs et nos attentes. L'éveil, c'est une révélation : comprendre que ce que nous appelons «réalité» est souvent une simple construction mentale.

À mesure que nous nous éveillons, nous commençons à percevoir les choses de manière plus claire et directe, sans les filtres de notre ego. Cela peut être un moment profondément transformateur, où l'on réalise que la souffrance que l'on vit vient de notre manière de percevoir les événements, et non des événements eux-mêmes.

L'éveil est aussi une reconnexion à la nature fondamentale de l'existence : tout est interconnecté, tout est impermanent, et tout est en constante évolution. Cette prise de conscience nous aide à sortir de l'illusion de contrôle et à accepter l'incertitude de la vie. Cela ouvre la voie à une paix intérieure profonde.

L'unité et la transcendance de l'ego :
Un aspect central de l'éveil est la dissolution de l'ego. Cela ne signifie pas la disparition de l'individu, c'est au contraire la reconnaissance que notre identité n'est pas limitée à notre corps, notre nom, ou notre histoire personnelle. L'ego se construit à partir des rôles et des concepts que nous avons appris au cours de notre vie, et l'éveil nous révèle que nous sommes bien plus que ces rôles.

L'expérience d'unité est une réalisation mystique, souvent décrite par ceux qui ont atteint un état avancé d'éveil. C'est la perception que tout est connecté, que nous ne sommes pas séparés des autres ou de l'univers. L'ego n'est plus une barrière, il devient une vague dans l'océan de l'existence.

L'éveil, ici, transcende les oppositions : il n'y a plus de séparation entre soi et l'autre, le sujet et l'objet, l'humain et la nature. C'est l'expérience de l'unité, de l'interconnexion, et de l'instant présent.

L'éveil comme liberté :

Au fur et à mesure que l'on se libère des illusions de l'ego, une immense liberté intérieure émerge. L'éveil nous libère du cycle des désirs et des attachements, de la souffrance qui découle de notre besoin de contrôler tout ce qui nous entoure. Cette liberté n'est pas simplement la liberté extérieure, c'est aussi une liberté mentale et spirituelle : celle de ne plus être esclave de ses pensées et émotions.

L'éveil n'est pas seulement un état de tranquillité, c'est surtout une profonde liberté d'être soi-même, d'accepter la vie telle qu'elle se présente, sans résistance. C'est un acte de véritable lâcher-prise, de se détacher des attentes, et de vivre en harmonie avec la réalité.

Les expériences mystiques et les moments de clarté :

Pour certaines personnes, l'éveil ne se limite pas à un processus graduel, mais peut survenir de manière soudaine, sous la forme d'une expérience mystique ou d'un moment de clarté. Cela peut être une révélation spontanée, un instant où l'on prend conscience de la nature profonde de l'existence. Ces moments peuvent se produire à tout instant : lors d'une méditation profonde, d'un voyage intérieur, ou même dans des moments de crise. Ces expériences ne sont pas nécessairement permanentes, cependant, elles servent souvent de catalyseur pour un changement radical dans la manière de percevoir la vie.

Les expériences mystiques sont souvent caractérisées par des sensations de lumière, d'amour universel, ou d'unité avec le cosmos. Elles apportent une compréhension qui transcende les mots, une connaissance intuitive du lien profond entre tous les êtres.

Chapitre 5 : L'éveil dans la vie quotidienne

Vivre éveillé dans un monde ordinaire :
Une question fréquente lorsqu'on parle d'éveil est : comment vivre cela au quotidien ? L'éveil ne se limite pas à des moments de méditation ou à des expériences mystiques isolées. Il doit être intégré dans la vie de tous les jours. Cela signifie vivre avec une conscience accrue, être pleinement présent dans chaque instant, et interagir avec le monde avec une attention et une bienveillance accrues.

Être éveillé dans le quotidien, c'est transformer des gestes simples en actes de présence. Cela pourrait être aussi simple que d'être totalement engagé dans une conversation, d'apprécier pleinement un repas, ou de marcher avec une conscience profonde de chaque pas. L'éveil est avant tout un mode de vie.

Il ne s'agit pas de se retirer du monde ou de chercher à fuir la réalité, mais de vivre pleinement dans ce monde tout en restant connecté à notre essence profonde. Cela inclut également une plus grande acceptation des hauts et des bas de la vie, en les voyant non comme des obstacles, mais comme des opportunités de croissance.

L'éveil face à la souffrance :
L'une des grandes leçons de l'éveil est de comprendre la nature de la souffrance. Nous vivons dans un monde où la souffrance est inévitable. Fort heureusement, l'éveil nous montre qu'elle ne provient pas uniquement des circonstances extérieures. Elle découle souvent de notre manière de réagir aux événements et de nos attentes. En nous éveillant, nous apprenons à accepter la souffrance sans nous y attacher, à la comprendre sans nous identifier à elle.
Cela ne veut pas dire qu'il faille être insensible à la souffrance, mais

qu'il est possible de vivre avec une plus grande paix intérieure, même dans les moments difficiles. L'éveil est la capacité à faire face à la souffrance avec équanimité, à comprendre qu'elle fait partie de la vie, et que pourtant, elle n'est pas la fin de notre histoire.

Le rôle du non-attachement dans la paix intérieure :
L'une des pratiques fondamentales de l'éveil est le non-attachement. Cela ne signifie pas l'indifférence, mais plutôt une libération de la dépendance à des résultats ou à des objets extérieurs pour notre bonheur. Nous ne sommes plus esclaves de nos désirs et de nos attentes.

Le non-attachement permet de vivre dans la liberté de l'instant présent, sans chercher à posséder ou à contrôler quoi que ce soit. C'est une forme de détachement bienveillant, où l'on s'engage pleinement dans la vie sans se laisser enfermer par la peur de la perte ou le désir d'acquérir.

Éveiller les autres :
Enfin, l'éveil est une expérience qui ne concerne pas seulement soi-même. À mesure que nous nous éveillons, nous pouvons également inspirer et éveiller les autres. La présence calme, la bienveillance et la compassion d'un individu éveillé peuvent avoir un impact profond sur son environnement. L'éveil devient alors une force collective, qui nous permet de contribuer positivement au monde.

En partageant notre propre chemin, en pratiquant l'empathie et l'écoute, nous contribuons à éveiller les consciences autour de nous. C'est un processus mutuel, où l'éveil de l'un nourrit l'éveil de l'autre.

Chapitre 6 : L'éveil et au-delà

La continuité du chemin :
L'éveil n'est pas un point final, c'est un chemin continu, un processus de transformation qui ne cesse jamais. Il est facile de se laisser séduire par l'idée d'un état parfait d'illumination. Pourtant, la réalité est que l'éveil est un voyage. Cela implique de constamment se remettre en question, de découvrir de nouvelles facettes de soi-même et de grandir spirituellement.

Au lieu de chercher à atteindre un état «parfait» de l'éveil, il est plus pertinent de le voir comme un chemin progressif, où chaque étape apporte son propre lot de révélations et d'enseignements. C'est un processus de purification continue de l'esprit, du cœur et de l'âme.

L'éveil est donc une pratique de chaque instant. Cela demande un engagement constant à voir au-delà des apparences, à cultiver l'amour et la sagesse, et à vivre en harmonie avec soi-même et le monde. Chaque jour, chaque expérience, chaque moment de méditation peut être vu comme un pas supplémentaire sur ce chemin.

La sagesse transmise par les grands éveillés :
À travers l'histoire, de nombreux maîtres spirituels, sages et mystiques ont marqué de leur empreinte l'humanité en transmettant des enseignements sur l'éveil. Leurs vies sont un témoignage vivant de ce que signifie l'éveil et des transformations profondes qu'il peut apporter.

Que ce soit à travers les enseignements de Bouddha, Jésus-Christ, Lao Tseu, Ramana Maharshi, ou des sages modernes comme Eckhart Tolle ou Thich Nhat Hanh, chacun a partagé une vision unique de l'éveil, tout en insistant unanimement sur un même principe : l'éveil est une expérience intime et personnelle, qui trouve aussi sa force et sa profondeur dans le partage et l'unité.

En nous reconnectant à ces sages, nous pouvons nous inspirer de leur expérience et de leurs enseignements pour nourrir notre propre chemin. Cela nous rappelle que l'éveil n'est pas une course solitaire, et que c'est un processus qui transcende le temps et l'espace. Chaque génération a sa propre voie vers l'éveil, enrichie par ceux qui l'ont précédée.

L'éveil comme source de transformation collective :
Nous avons brièvement abordé ce sujet précédemment. Pourtant, un aspect fondamental de l'éveil, souvent oublié, est son pouvoir de transformation collective. L'éveil individuel ne concerne pas uniquement la personne elle-même, car il a un impact direct sur l'ensemble de l'humanité et sur la planète. L'éveil nous amène à comprendre que nous ne sommes pas séparés des autres, ni du monde naturel. Cette prise de conscience incite à une responsabilité plus grande envers le bien-être des autres êtres humains, des animaux, et de la planète. Un individu éveillé vit en harmonie avec son environnement et agit en fonction du bien commun.

Les grands éveillés, à travers les âges, ont toujours été des agents de changement dans leurs sociétés, non pas en cherchant à imposer des idées ou des croyances, mais en incarnant un mode de vie basé sur l'amour, la compassion, et la vérité. En ce sens, l'éveil est aussi un acte politique, car il met en lumière les injustices et les souffrances, tout en offrant des solutions pacifiques et respectueuses pour les surmonter.

Aujourd'hui, alors que le monde traverse des crises multiples (environnementales, sociales, économiques), l'éveil collectif devient une nécessité. C'est un appel à la conscience globale pour repenser nos modes de vie, nos valeurs et nos relations. L'éveil personnel peut transformer la société entière, et ce changement commence par chacun de nous.

Chapitre 7 : L'éveil au quotidien – Transformer sa vie

Vivre pleinement dans le présent :

Le quotidien est souvent perçu comme un flot incessant d'activités qui nous éloignent de l'essentiel. Le travail, les obligations, les interactions sociales, et la gestion des préoccupations quotidiennes peuvent faire en sorte que l'on oublie de vivre véritablement l'instant présent. L'éveil au quotidien commence par un retour constant à l'instant, une reconnexion avec le présent tel qu'il est, sans jugement ni attente.

Chaque acte, aussi banal qu'il puisse paraître, peut devenir une opportunité pour être éveillé. Que ce soit en mangeant, en marchant, en parlant avec quelqu'un ou même en réalisant ses tâches ménagères, chaque moment peut être vécu avec une pleine attention. L'éveil ne réside pas dans un état réservé à des moments spirituels ou solitaires, mais dans la manière de vivre chaque moment avec ouverture et présence.

Pratique recommandée – Annexe p.41

L'éveil dans nos relations :

L'un des domaines où l'éveil se manifeste de manière significative est dans nos relations avec les autres. L'éveil nous invite à nous libérer des jugements, des attentes et des conditionnements qui influencent souvent nos interactions. Cela ne signifie pas nier les conflits ou les défis, mais les aborder avec une attitude plus ouverte et compréhensive.

L'éveil dans les relations implique d'apporter de la bienveillance et de l'écoute profonde. Lorsqu'on s'éveille, on comprend que l'autre n'est pas un "ennemi" ou une "menace", mais un autre être humain, avec ses propres luttes, ses propres peurs et ses propres aspirations. En développant l'empathie, on s'éloigne des schémas de confrontation et on se rapproche de l'harmonie.

Cela peut signifier :
– Écouter sans interruption ni jugement, simplement être présent pour l'autre.
– Pratiquer le pardon, non seulement envers les autres, mais aussi envers soi-même.
– Offrir de l'amour inconditionnel, en permettant à l'autre d'être simplement qui il est, sans essayer de le changer.

L'éveil dans la gestion des émotions :
Une des grandes découvertes de l'éveil est la compréhension que les émotions ne sont pas ce que nous sommes, mais des phénomènes passagers. Elles surviennent, nous traversent, puis disparaissent. L'éveil consiste à prendre conscience de cette impermanence et à ne pas s'y accrocher.

Au quotidien, les émotions peuvent surgir de manière soudaine : la colère, la frustration, la tristesse, la joie. Plutôt que de se laisser submerger, l'éveil nous apprend à observer les émotions sans nous y identifier. Il est essentiel de comprendre que, même si les émotions peuvent être intenses, elles ne définissent pas notre essence.

Pratique recommandée – Annexe p.41

L'éveil et la pratique de la gratitude :
Un autre aspect essentiel de l'éveil au quotidien est la pratique de la gratitude. C'est un moyen puissant de transformer notre perspective, de passer de la plainte à l'appréciation. Lorsque nous devenons plus conscients de ce que nous avons, de ce qui fonctionne bien dans notre vie, nous pouvons cultiver une plus grande paix intérieure.
La gratitude nous aide à réorienter notre attention, non pas sur

ce qui nous manque ou ce qui ne va pas, mais sur ce qui est déjà présent dans notre vie, même dans les petites choses. L'éveil passe par la reconnaissance des bienfaits qui nous entourent, par l'acceptation de la beauté dans chaque moment.

Pratique recommandée – Annexe p.41

Chapitre 8 : L'éveil et la transformation intérieure

La dissolution de l'ego : un processus continu

L'ego, ce faux sens de soi fondé sur des croyances limitantes, des jugements et des histoires passées, est un des principaux obstacles à l'éveil. La dissolution de l'ego ne se fait pas en une seule étape, mais plutôt par une série de petites prises de conscience. Chaque fois que l'on se laisse aller à des pensées de séparation, de comparaison ou d'auto-jugement, cela nourrit l'ego.

L'éveil, donc, est aussi un processus constant de dés identification. Plutôt que de se définir par ses pensées ou ses rôles sociaux, on commence à se voir comme l'observateur de ces pensées. L'ego devient moins une identification rigide, et plus un outil à utiliser avec discernement.

La pratique de la non-résistance

Un aspect clé du cheminement vers l'éveil est la non-résistance. Cela ne signifie pas que l'on doit être passif ou indifférent, mais plutôt que l'on accepte ce qui est, sans se battre contre la réalité. La résistance à la vie génère de la souffrance, tandis que l'acceptation ouvre la porte à la paix intérieure.

Pratique recommandée – Annexe p.42

Cela n'implique pas de nier ou de tolérer des situations injustes, mais de vivre avec une attitude d'ouverture et de non-résistance face à ce qui est. L'éveil ne se trouve pas dans la lutte, mais dans l'acceptation profonde de la vie telle qu'elle se présente.

Chapitre 9 : L'éveil au-delà de soi : Un chemin universel

L'éveil comme source de guérison collective

Lorsque plusieurs individus commencent à s'éveiller, ils contribuent à une guérison collective. L'éveil personnel est toujours lié à une dimension plus grande, car il influence non seulement notre propre vie, mais aussi celles des autres. L'éveil peut servir de modèle, d'inspiration et de moteur de transformation pour ceux qui nous entourent. En prenant pleinement conscience de notre interconnexion, nous comprenons que nous avons la responsabilité de participer à la guérison du monde, que ce soit à travers des actions concrètes ou par notre manière d'être. Chaque personne éveillée apporte une énergie de compassion, de sagesse et d'harmonie dans son entourage, ce qui permet de diffuser cette énergie à plus grande échelle.

La vision collective de l'éveil : L'unité dans la diversité

L'éveil ne se résume donc pas à une recherche individuelle, mais à une quête collective. L'éveil véritable implique de reconnaître que, au-delà des différences extérieures, nous partageons une essence commune. Ce chemin nous invite à dépasser les frontières de l'ego, de la nationalité, de la culture, de la religion, et de toute autre séparation, pour voir l'unité dans la diversité.

Le monde est riche de différences, et l'éveil nous montre qu'au-delà de ces différences superficielles, nous sommes tous un. La paix mondiale naît d'une conscience collective de cette unité.

Chapitre 10 : L'éveil dans la transformation personnelle

La transformation intérieure : une lente métamorphose

L'éveil est avant tout une transformation intérieure. Ce processus est souvent comparé à la métamorphose d'un papillon : le corps de la chenille doit d'abord se décomposer dans le cocon avant qu'il ne puisse émerger sous une forme nouvelle et magnifique. De la même manière, l'éveil exige une transformation de nos anciennes croyances et de notre identité, une déconstruction du vieux soi pour faire place à une version plus authentique de nous-mêmes.

Ce processus est lent et progressif, et au fur et à mesure que nous nous éveillons, nous devenons de plus en plus conscients des mécanismes internes qui nous maintiennent dans l'illusion. Cela peut inclure :

– Les croyances limitatives héritées de notre éducation et de notre culture.

– Les peurs profondément enracinées liées à l'échec, à la solitude ou à la non-acceptation.

– Les désirs incessants et la quête de validation externe.

L'éveil nous aide à reconnaître ces schémas, puis à les transcender. C'est une pratique de lâcher-prise et d'acceptation de ce qui est, sans se laisser piéger par le passé ou par les attentes du futur.

Pratique recommandée – Annexe p.42

La guérison émotionnelle : accepter et libérer

L'éveil, dans sa profondeur, nous pousse à guérir des blessures émotionnelles du passé. Ces blessures, souvent issues de traumatismes anciens, de rejets ou de peurs, peuvent créer des blocages énergétiques qui nous empêchent d'être pleinement présents. L'éveil nous aide à reconnaître et à libérer ces blessures, non pas en les niant ou en les réprimant, mais en les accueillant avec compassion et en leur permettant de se transformer.

Le processus de guérison émotionnelle est également une libération : nous laissons partir les mémoires douloureuses, non pas en les oubliant, mais en les intégrant dans une nouvelle vision plus claire de nous-mêmes.

Pratique recommandée – Annexe p.43

S'éveiller à la nature de l'esprit :

Un des enseignements les plus puissants de l'éveil est la prise de conscience de la nature profonde de l'esprit. L'éveil ne concerne pas seulement la dissolution de l'ego ou la compréhension de la réalité extérieure, mais aussi la reconnaissance de l'esprit comme un réservoir infini de créativité et de clarté. En apprenant à observer l'esprit, on découvre qu'il est naturellement calme, lucide et illimité. La confusion, le doute et l'agitation sont des états temporaires qui peuvent être dissipés avec la pratique de l'attention.

L'éveil dans ce contexte est une réalisation que notre esprit n'est pas ce qu'il nous semble être. Nous ne sommes pas les pensées qui traversent notre esprit, mais l'observateur silencieux de ces pensées.

Pratique recommandée – Annexe p.43

Chapitre 11 : L'éveil dans les relations humaines

Les relations comme miroir de l'éveil

L'éveil dans les relations est particulièrement puissant. Nos interactions avec les autres sont souvent un miroir de notre propre état intérieur. Si nous sommes en paix, ouverts et aimants, nous verrons également cette paix dans nos relations. Si nous sommes perturbés, les relations refléteront cette perturbation.

Le véritable éveil dans les relations passe par la pratique de l'amour inconditionnel. Cela ne signifie pas que nous devons accepter des comportements nuisibles ou rester dans des relations toxiques, mais plutôt que nous sommes appelés à répondre avec amour et bienveillance, sans jugement.

Pratique recommandée – Annexe p.44

L'éveil dans le pardon : libérer l'autre et soi-même

Comme nous l'avons vu précédemment, le pardon est l'une des plus grandes formes de libération dans le chemin de l'éveil. Nous apprenons à nous détacher des attachements émotionnels et des blessures du passé. Le pardon ne signifie pas oublier ou excuser des comportements blessants, mais plutôt libérer notre propre cœur de la douleur et de la colère.

En pardonnant, nous créons un espace pour que l'amour et la compréhension puissent s'épanouir. C'est un acte de compassion, envers l'autre et envers soi-même.

Pratique recommandée – Annexe p.44

Chapitre 12 : L'éveil en action – La voie de l'engagement authentique

L'éveil et l'action juste

L'éveil ne signifie pas se retirer du monde, mais plutôt agir avec une conscience accrue. Le véritable éveil mène à l'action juste : celle qui est motivée par l'amour, la sagesse et le bien-être collectif, plutôt que par des désirs égocentriques ou des peurs inconscientes.

Cela peut inclure des actions dans des domaines variés : l'engagement social, l'écologie, l'aide humanitaire, ou même dans nos métiers. L'éveil nous pousse à agir avec un sens profond de responsabilité envers le monde et à utiliser nos talents pour le bien de tous.

Pratique recommandée – Annexe p.44

Chapitre 13 : L'éveil et la pratique de la méditation

La méditation comme porte d'entrée vers l'éveil :
La méditation est l'une des pratiques les plus directes et efficaces
pour atteindre l'éveil. Elle permet d'observer l'esprit et de prendre
conscience de nos schémas de pensée, tout en développant
une capacité à rester centré et calme, même en présence de la
turbulence de l'esprit.

Le but de la méditation dans le cadre de l'éveil n'est pas
d'atteindre un état particulier de tranquillité ou de vide, mais
plutôt d'apprendre à être pleinement présent à ce qui est, sans
jugement. La méditation est un outil pour découvrir l'espace
intérieur qui existe au-delà des pensées, des émotions et des
perceptions.

Pratiques recommandées – Annexe p.45

Chapitre 14 : L'éveil à la pleine conscience dans l'action

Vivre l'éveil dans chaque geste :
L'éveil ne se limite pas à la méditation. Il peut être intégré dans chaque acte quotidien. La pleine conscience consiste à ramener toute notre attention à l'instant présent, sans jugement. Cela permet de vivre chaque geste, même le plus anodin, de manière consciente et éveillée.

Pratique recommandée – Annexe p.46

Chapitre 15 : L'éveil à l'instant présent

Être présent dans le flux de la vie :
L'un des fondements de l'éveil est la capacité de vivre pleinement dans le présent, sans être constamment pris par les pensées du passé ou les inquiétudes pour l'avenir. Le présent est tout ce qui existe réellement. Le passé est une mémoire et l'avenir est une projection. Seul l'instant présent peut être vécu et expérimenté.

Pratique recommandée – Annexe p.47

Chapitre 16 : L'éveil et l'art de l'acceptation

Accepter ce qui est, sans résistance :
Une grande partie de l'éveil réside dans l'acceptation radicale de ce qui est. Cela ne signifie pas que nous devons accepter la souffrance ou les injustices passivement, mais plutôt que nous devons accepter l'état actuel des choses tel qu'il est, sans résistance intérieure.

Pratique recommandée – Annexe p.47

Chapitre 17 : L'éveil et la relation à l'autre

Éveiller les relations par l'empathie et l'écoute :
Une des manières les plus belles de vivre l'éveil est de l'intégrer dans nos relations humaines. Chaque personne avec qui nous interagissons est une occasion de pratiquer la bienveillance, l'empathie et l'écoute profonde. L'éveil dans les relations transforme notre manière de voir l'autre : il n'est plus perçu comme un adversaire ou un inconnu, mais comme un miroir de notre propre être.

Pratique recommandée – Annexe p.48

Conclusion : L'éveil, un état d'être

L'éveil n'est pas un but à atteindre, c'est un voyage en constante évolution, un état d'être, un art de vivre. Il ne s'agit pas de se libérer de quelque chose, mais de découvrir notre propre essence profonde à travers chaque expérience, chaque souffle, chaque rencontre. Tout moment de la vie, qu'il soit ordinaire ou extraordinaire, est une invitation à nous éveiller davantage à travers notre capacité à être pleinement présent dans l'instant, à accueillir chaque pensée et chaque émotion sans jugement, à cultiver une profonde paix intérieure tout en étant en interaction avec le monde. C'est la reconnexion avec notre nature essentielle, celle qui transcende l'ego, les désirs et les illusions.

À la fin de ce voyage à travers les différentes étapes et dimensions de l'éveil, il est important de se rappeler que l'éveil ne peut pas être pleinement décrit par des mots, car c'est avant tout une expérience vécue. Les enseignements sont là pour nous guider, cependant, c'est dans notre propre pratique, dans notre expérience personnelle unique de la vie, que nous trouverons la véritable essence de l'éveil.

En vivant dans cet état d'éveil, nous découvrons une forme de liberté immense. Nous nous libérons de la peur, du désir, et de l'identification à des rôles ou des circonstances extérieures. Nous découvrons la joie simple et profonde d'être, ici et maintenant. L'éveil est la découverte que nous sommes déjà ce que nous cherchons, et une redécouverte de notre être véritable, à travers une expérience de libération, de paix et d'amour inconditionnel.

L'éveil ne se limite pas à un individu, à une vie, ou à un moment particulier. C'est un processus vivant, dynamique, en constante évolution. Chaque jour nous offre une nouvelle opportunité d'approfondir notre compréhension de nous-mêmes et du monde, d'ouvrir davantage notre cœur et notre esprit.

Il n'y a pas de route unique vers l'éveil, seulement une expansion continue de notre conscience et de notre amour, grâce à une multitude de voies qui convergent toutes vers la même vérité : nous sommes déjà ce que nous cherchons. Nous avons simplement besoin d'ouvrir les yeux et de nous libérer des illusions.

Il ne s'agit donc pas d'atteindre un état final, mais de vivre pleinement le voyage de la transformation. C'est un chemin de découverte, de libération, et d'amour.

Je te souhaite une belle découverte sur ton chemin d'éveil...

ANNEXES

<h1 style="text-align:center">Pratiques recommandées</h1>

• Annexe Chapitre 7 – p.23
La pleine conscience dans les gestes quotidiens

1. Choisis un moment de ta journée, comme boire un verre d'eau ou marcher, et pratique la pleine conscience. Sois totalement présent dans l'action, en ressentant chaque mouvement, chaque sensation, chaque pensée qui émerge.

2. Si tu es distrait par des pensées ou des émotions, observe-les sans jugement et reviens doucement à l'action. Cela permet de développer une présence calme et ouverte, même dans des moments ordinaires.

• Annexe Chapitre 7 – p.24
L'observation des émotions
1. Lorsqu'une émotion se présente, essaie de ne pas réagir immédiatement. Prends un instant pour l'observer, en te demandant : *"Qu'est-ce qui se passe en moi en ce moment ?"*.

2. Note les sensations physiques associées à cette émotion : où la ressens-tu dans ton corps ? Quel est son impact sur tes pensées ?

3. Permets à l'émotion de s'exprimer sans jugement ni rejet. Laisse-la se dissiper d'elle-même.

L'éveil, ici, consiste à vivre les émotions de manière fluide, sans les rejeter ni les intensifier.

• Annexe Chapitre 7 – p.25
Pratique recommandée : Le journal de gratitude
Chaque soir, avant de te coucher, écris trois choses pour lesquelles

tu es reconnaissant. Cela peut être des choses simples : un sourire, un moment de calme, une réussite dans la journée. Cette pratique régulière te permettra de nourrir une vision plus positive et éveillée de la vie.

• Annexe Chapitre 8 – p.26
L'acceptation active
Lorsqu'une difficulté surgit dans ta vie, au lieu de la rejeter ou de te battre contre elle, prends un moment pour l'accepter. Demande-toi : *"Que puis-je apprendre de cela ? Comment puis-je rester centré malgré cette situation ?"*

• Annexe Chapitre 10 – p.28
L'intégration de la conscience dans chaque pensée
Une pratique cruciale pour approfondir la transformation intérieure est de prendre conscience de chaque pensée qui émerge. Au lieu de laisser nos pensées nous dominer, nous devons apprendre à les observer sans y être attachés. Cela crée une détachement sain, permettant aux pensées de passer comme des nuages dans le ciel.

1. L'exercice de la pensée consciente : Prends quelques minutes chaque jour pour t'asseoir dans un endroit calme et observer tes pensées. Note-les sans jugement, sans essayer de les changer ou de les analyser. Observe simplement leur nature fugitive.

2. Reconnaître les schémas récurrents : Au fil des jours, tu pourras remarquer les schémas récurrents de pensée, comme la peur de l'échec ou le besoin de validation. Lorsqu'une pensée récurrente apparaît, prends un moment pour la remettre en question. Est-elle véritable ? Est-ce qu'elle représente la réalité ou une simple construction mentale ?

Ce processus de désidentification avec nos pensées et émotions crée un espace intérieur, un espace de liberté où nous pouvons choisir comment répondre à la vie au lieu de réagir automatiquement.

• Annexe Chapitre 10 – p.29
La guérison par le pardon
1. Le pardon à soi-même et aux autres : Le pardon est une clé essentielle de la guérison. Il s'agit de libérer l'esprit de la colère, du ressentiment et de la victimisation. Choisis une personne (y compris toi-même) à qui tu souhaites pardonner. Visualise cette personne et, dans ton cœur, dis-lui : «Je te pardonne. Je me pardonne.» Ressens la libération dans ton corps, comme si une lourde charge disparaissait.

2. Libérer les émotions enfouies : Lorsque des émotions réprimées surgissent, accorde-leur l'espace nécessaire pour s'exprimer. Ce peut être à travers des pleurs, de la colère ou de l'expression créative. Cela permet de déverrouiller les énergies bloquées et d'apporter la guérison.

• Annexe Chapitre 10 – p.29
La méditation sur l'esprit
1. Observer la nature de l'esprit : Assieds-toi dans un endroit calme et ferme les yeux. Commence à observer les pensées qui surgissent sans t'y attacher. Essaie de voir d'où elles viennent et où elles vont. Réalise qu'elles sont comme des vagues qui apparaissent et disparaissent à la surface de l'océan de l'esprit. Sois le témoin silencieux de ce processus.
2. Revenir au présent : Chaque fois que ton esprit s'égare, ramène-le doucement au moment présent. Ce n'est pas un échec, mais une opportunité de renforcer ta capacité à rester éveillé à ce qui se passe ici et maintenant.

• Annexe Chapitre 11– p.30
L'amour inconditionnel dans les relations
1. Exercice de la bienveillance : Choisis une personne avec qui tu as une relation complexe (qu'elle soit positive ou conflictuelle). Prends un moment pour lui envoyer de l'amour inconditionnel. Visualise cette personne dans une lumière douce et dis mentalement : «Je te souhaite bonheur, paix et épanouissement.» Ressens cet amour et envoie-le sincèrement.

2. Réagir avec calme : Dans une situation conflictuelle, essaie de ne pas réagir impulsivement. Respire profondément, prends un moment pour observer tes émotions et tes pensées, puis réagis avec calme et compassion, sans jugement.

• Annexe Chapitre 11 – p.30
La pratique du pardon conscient
1. Identifie une personne à qui tu n'as pas encore pardonnée. As-tu des ressentiments ou des rancunes envers elle ? Imagine-toi en train de lui offrir le pardon, de manière consciente, et en ressentant la légèreté dans ton cœur.

2. Fais de même envers toi-même. Accepte tes erreurs passées et pardonne toi pour tes fautes. Cette pratique est essentielle pour alléger ton cœur et ouvrir ton esprit à l'amour.

• Annexe Chapitre 12 – p.31
L'action consciente
1. Identifie une cause ou une mission qui résonne profondément en toi. Que ce soit dans ton travail, ton engagement personnel ou une cause sociale, mets cette mission au centre de tes actions. Chaque geste devient alors un acte d'amour et de service.

2. Chaque jour, choisis une petite action qui contribue positivement à ton environnement ou à la société, même si cela semble anodin. Cela peut être aussi simple que d'aider quelqu'un, ou de prendre soin de la planète.

• Annexe Chapitre 13 – p.32
Méditation sur la respiration
1. Ancrage dans l'instant présent : Assieds-toi confortablement, les pieds posés au sol et les mains sur tes genoux. Garde ton dos droit et ferme les yeux doucement. Prends un moment pour simplement t'ancrer dans le moment présent. Prends trois grandes respirations profondes pour te détendre.

2. Observation de la respiration : Commence à porter ton attention sur ta respiration. Note l'air qui entre par tes narines, puis qui ressort. Sens l'air qui passe dans ta gorge, qui se dirige vers tes poumons, puis qui repart. Sois simplement présent à chaque inspiration et expiration.

3. Laisser aller les pensées : Lorsque des pensées surgissent, ne les juge pas. Observe-les comme elles viennent et disparaissent. Si tu te laisses emporter par une pensée, ramène doucement ton attention sur la respiration. Cela t'aide à revenir au moment présent, encore et encore.

• Annexe Chapitre 13 – p.32
Méditation sur les sensations corporelles
1. Ancrage dans le corps : Assieds-toi ou allonge-toi dans une position confortable. Ferme les yeux et commence à porter ton attention sur tes pieds. Sens les sensations dans tes orteils, tes talons, la plante de tes pieds.

2. Explorer le corps en entier : Remonte lentement ton attention à travers ton corps, en observant chaque partie de celui-ci sans jugement. Si tu rencontres des tensions ou des douleurs, essaie simplement d'être présent à ces sensations sans chercher à les modifier.

3. Acceptation des sensations : L'objectif de cette pratique est de développer une acceptation totale de ce qui est, que ce soit agréable, désagréable ou neutre. Ressens le corps dans son ensemble comme un terrain vivant, et sois totalement en contact avec lui.

• Annexe Chapitre 14 – p.33
L'éveil dans les tâches quotidiennes
1. Laver ou ranger la vaisselle en pleine conscience : Choisis un moment où tu fais la vaisselle ou nettoies quelque chose. Plutôt que de faire cela de manière automatique ou de penser à autre chose, sois totalement présent à ce que tu fais. Sens l'eau chaude, la texture de la vaisselle, l'odeur du savon. Chaque mouvement devient une opportunité d'être pleinement présent. Ressens chaque mouvement quand tu range la vaisselle dans la machine, si tu ne la fais pas à la main.

2. Marcher en pleine conscience : Lorsque tu marches, que ce soit pour te rendre au travail ou pendant une promenade, fais attention à chaque mouvement de ton corps. Ressens le contact de tes pieds avec le sol, observe les sons autour de toi, le vent sur ta peau. Ne sois pas pressé. Marche lentement et avec attention.

3. Manger en pleine conscience : Chaque bouchée devient un moment sacré. Prends le temps de sentir la texture, le goût et l'odeur de chaque aliment. Avant de manger, prends une petite pause pour être reconnaissant pour la nourriture qui nourrit ton corps.

• Annexe Chapitre 15 – p.34

Exercice de l'instant présent

1. Regarde autour de toi : Fais une pause pendant ta journée et regarde attentivement ce qui t'entoure. Observe les objets, les gens, les couleurs, les textures. Prends un moment pour admirer la beauté dans ce qui est là, juste devant toi.

2. Concentration sur les sens : Ferme les yeux et observe ce que tu entends, ce que tu ressens, ce que tu touches. Prends conscience des sensations corporelles, des sons, des odeurs et des goûts présents dans ton environnement.

3. La pause de la présence : Chaque fois que tu te sens stressé ou que tes pensées te submergent, prends 1 à 2 minutes pour revenir à l'instant présent. Respire profondément et ramène toute ton attention à ton corps et à ce que tu es en train de faire. Fais-le régulièrement tout au long de la journée.

• Annexe Chapitre 16 – p.35

L'acceptation dans les moments difficiles

1. Observer sans juger : Lorsque tu fais face à une situation difficile, comme un conflit ou une frustration, prends un moment pour observe tes émotions sans les juger. Remarque ce qui se passe en toi, mais sans t'identifier à ces émotions. Dis simplement : «C'est ce qui se passe en ce moment. »

2. Le mantra de l'acceptation : Lorsque tu rencontres une difficulté, répète en silence à toi-même : «J'accepte ce qui est.» Ressens cette acceptation se diffuser dans ton être. Cela t'aide à diminuer la résistance intérieure et à ouvrir la voie à la paix.

3. Pratique de l'acceptation consciente : Chaque soir, avant de t'endormir, fais une rétrospective de ta journée. Remarque les moments où tu as résisté, et offre-toi de la compassion pour ces moments. Accepte ce que tu n'as pas pu changer et fais le vœu d'accueillir le lendemain avec plus de légèreté et de non-résistance.

• Annexe Chapitre 17 – p.36
L'écoute active et bienveillante
1. Pratiquer l'écoute sans jugement : Lorsque tu discutes avec quelqu'un, fais un effort conscient pour l'écouter pleinement sans chercher à interrompre ou à juger. Observe ce que cette personne essaie de dire, sans laisser ton esprit vagabonder vers des réponses ou des solutions.

2. Répondre avec présence : Après avoir écouté, réponds de manière calme et ouverte. Utilise des phrases comme : «Je comprends ce que tu dis» ou «Je ressens ce que tu ressens». Cela montre que tu es pleinement présent et que tu reconnais la souffrance ou les émotions de l'autre.

3. Pratique de l'empathie : Lorsque quelqu'un exprime sa douleur ou sa frustration, au lieu de minimiser ou de donner des conseils, essaie de te mettre à sa place. Ressens ce qu'il ressent sans chercher à le sauver, mais simplement en offrant un espace de compassion.

Exercices pratiques pour cultiver l'éveil

Les pratiques proposées tout au long de ce livre ne sont pas des objectifs en soi. Ce sont des outils pour intégrer l'éveil dans notre vie quotidienne. Elles permettent de nourrir la présence, la paix intérieure et l'amour, qui sont les fondements de l'éveil véritable.

1. Exercices pour débutants : Apprendre à être présent

Exercice 1 : La respiration consciente
Objectif : Ramené à l'instant présent, se reconnecter à soi par la respiration.

1. Trouve un endroit calme, assieds-toi confortablement, et ferme les yeux.
2. Prends une profonde inspiration, puis expire lentement.
3. Porte ton attention sur le mouvement de ta respiration. Observe l'air qui entre et sort de tes narines.
4. Laisse tes pensées passer comme des nuages, sans y attacher d'importance. Lorsque tu te laisses emporter par une pensée, ramène doucement ton attention à ta respiration.
5. Pratique pendant 5 à 10 minutes chaque jour.

Exercice 2 : Observer le moment présent
Objectif : Cultiver la pleine conscience en observant le quotidien sans jugement.

1. Choisis une activité quotidienne, comme boire un verre d'eau, marcher, ou manger.
2. Pratique l'activité avec toute ton attention : ressens la texture de l'objet, les sons autour de toi, la sensation de tes muscles en action.
3. Évite de te laisser emporter par des pensées sur le passé ou l'avenir. Reviens toujours à ce que tu fais dans le moment présent.

4. Tu peux pratiquer cet exercice durant 5 à 10 minutes à différents moments de la journée.

2. Exercices pour intermédiaires : Approfondir l'éveil et la présence

Exercice 3 : Méditation sur les sensations corporelles
Objectif : Développer une conscience plus fine du corps et des sensations physiques.

1. Assieds-toi ou allonge-toi confortablement.
2. Porte ton attention sur tes pieds, puis progressivement remonte le long de ton corps. Prends conscience de chaque partie de ton corps : tes orteils, tes jambes, ton ventre, ta poitrine, tes bras, ton cou, et enfin ta tête.
3. Note toutes les sensations : froid, chaleur, tension, picotements, ou même l'absence de sensation.
4. Si une pensée survient, laisse-la passer sans t'y accrocher et ramène ton attention à la sensation présente dans ton corps.
5. Pratique pendant 15 à 20 minutes, idéalement deux fois par semaine.

Exercice 4 : La méditation de l'observateur intérieur
Objectif : Observer sans juger les pensées et émotions, apprendre à se dissocier d'elles.
1. Installe-toi confortablement, ferme les yeux, et prends une respiration profonde.
2. Imagine que tu deviens un observateur de tes pensées. Lorsque tu as une pensée ou une émotion, ne t'y attache pas.
3. Observe-les simplement comme des nuages flottant dans le ciel de ton esprit. Note leur apparition et leur disparition sans jugement.
4. Si tu te perds dans une pensée, souris et reviens à l'observation.
5. Pratique pendant 10 à 15 minutes, trois à quatre fois par semaine.

3. Exercices pour confirmés : Vivre l'éveil au quotidien

Exercice 5 : La pleine conscience dans l'action
Objectif : Appliquer la pleine conscience dans chaque activité quotidienne.
1. Choisis une activité ordinaire, comme faire la vaisselle, marcher, ou répondre à des e-mails.
2. Concentre-toi entièrement sur cette activité. Prête attention à chaque geste, chaque mouvement. Par exemple, si tu fais la vaisselle, ressens la texture de la vaisselle, la chaleur de l'eau, l'odeur du savon.
3. Si des pensées ou des distractions surgissent, ramène-toi doucement à l'action présente.
4. Pratique cet exercice avec différentes activités quotidiennes, chaque jour.

Exercice 6 : L'expérience de la non-dualité dans les relations
Objectif : Apprendre à percevoir l'unité et l'interconnexion dans toutes les relations.

1. Pendant une conversation avec quelqu'un, prête une attention particulière
à chaque mot et à chaque geste. Écoute activement sans juger ou penser à ta réponse.
2. Remarque la présence de l'autre personne, non comme un individu séparé, mais comme un aspect de l'unité de l'existence.
3. Laisse tomber les attentes, les jugements, et accepte simplement ce qui se passe dans le moment.
4. Pratique cette écoute pleine et sans jugement pendant tes interactions quotidiennes, avec la famille, les amis, et même les inconnus.

- **Méditation de pleine conscience** : techniques pour développer l'attention et la présence.
- **Exercice de gratitude quotidienne** : cultiver l'appréciation dans chaque aspect de la vie.
- **"Journaling" spirituel** : écrire ses pensées et réflexions pour mieux comprendre son chemin.

2. Ressources pour approfondir l'éveil :
- **Liste de livres recommandés** (Le Pouvoir du moment présent d'Eckhart Tolle, La Voie du Bouddha de Thich Nhat Hanh).
- **Discours et conférences de maîtres spirituels.**
- **Pratiques de silence et retraites spirituelles pour une immersion plus profonde.**

3. Témoignages de personnes ayant vécu l'éveil :
- **Histoires inspirantes** de ceux qui ont expérimenté l'éveil et qui ont transformé leur vie et leur environnement.